tiktok

LUCRE MUITO COM O SEU TIKTOK

Sumário

Introdução...
.01

**Capítulo 1: O que é
TikTok...01**

- Quem são os usuários do
  TikTok?...01
- Vídeos no
  TikTok...01
- Fatores de crescimento
  TikTok...01
- Endossos de
  celebridades..01
- Conteúdo
  localizado...01
- É fácil usar o
  TikTok...01

**Capítulo 2: O TikTok é ideal para o seu
negócio?..01**

- Instale o
  TikTok...01
- Configure o seu
  perfil..01
- Comece a se envolver com outros
  usuários..01
- Seguindo outros usuários do
  TikTok..01
- Seguir usuários do TikTok em um dispositivo iOS
 01
- Seguir usuários do TikTok em um dispositivo
  Android..01

**Capítulo 3: Tipos de postagens no
TikTok...01**

- Vídeos de música 01
- Vídeos de comédia..01
- O reforço positiVídeos de efeitos especiais...01
- Vídeos de dueto...01
- Vídeos de desafio 01
- Criação de um vídeo TikTok...01
- Marketing de conteúdo no TikTok..01

Capítulo 4: TikTok hashtags...01

- Razões para usar Hashtags TikTok..01
- Obtenha mais curtidas e exposição...01
- Aumente o seu Seguimento...01
- Como você pode encontrar as melhores hashtags para o TikTok?....................................01
- Conheça o seu público...01
- Veja o que os influenciadores do TikTok estão fazendo.....................................01
- Confira seus concorrentes..01
- Use as ferramentas para encontrar boas hashtags TikTok.................................01
- As 100 melhores hashtags para usar para mais curtidas.......................................01

Capítulo 5: Esratégias de marketing para o TikTok..01

1. Desafios de hashtag...01
2. Use duetos...01
3. Use influenciadores...01
4. Use a escassez..01
5. Seja autêntico...01
6. Construa uma comunidade...01
7. Incentive o conteúdo gerado pelo usuário.................................01
8. Promova seus vídeos em outros canais sociais...........................01

Capítulo 6: Anúncios no TikTok..01

- Anúncios de aquisição de marca..01
- O anúncio do desafio de hashtag...01
- Anúncios de lente de marca..01
- Anúncios nativos em feed..01

Capítulo 7: Estudos de casos...01

- The Bailey Bakery...01
- Advogado Anthony Barbuto..01
- Universidade da Flórida..01
- Lis Nas X..01

- The Lomile Shop...01
- The Washington Post...01
- Gabinete do xerife do condado de Pasco...........................01
- Outras histórias de sucesso...................................01

Capítulo 8: TikTok analytics.................................01

- Você precisará de uma conta Pro................................01
- A Visão Geral do Perfil...01
- Insights de conteúdo...01
- Insights do seguidor...01
- Ferramenta de análise Pentos TikTok.............................01

Capítulo 9: Melhores práticas.................................01

- 1. TikTok tem uma base de usuários jovem........................01
- 2. Sempre use música...01
- 3. Use os efeitos especiais.....................................01
- 4. Use várias fotos em seus vídeos..............................01
- 5. Desafie seu público...01
- 6. Dê uma olhada em seus concorrentes...........................01
- 7. Use Analytics...01

- 8. Planeje seu conteúdo...01
- 9. Seja consistente...01

Isenção de Responsabilidade

Observe que as informações contidas neste documento são exclusivamente destinadas a fins educacionais e de entretenimento. Todos os esforços possíveis foram realizados para fornecer informações completas, precisas, atualizadas e confiáveis. Nenhuma garantia de qualquer tipo está expressa ou implícita. Os leitores reconhecem que o autor não está envolvido na prestação de aconselhamento jurídico, financeiro, médico ou profissional. Ao ler este documento, o leitor concorda que, sob nenhuma circunstância, sejamos responsáveis por quaisquer prejuízos, diretos ou indiretos, incorridos como resultado do uso das informações contidas neste documento, incluindo, mas não se limitando a erros, omissões ou imprecisões.

Sobre o Autor

AVANTE EDITORIAL é um empreendedor residente no BRASIL, que adora compartilhar conhecimento e ajudar outras pessoas no tópico referente a NEGÓCIOS E TECNOLOGIA.

AVANTE EDITORIAL é uma pessoa dedicada, que sempre se esforça ao máximo para ir além. Palavras De Sabedoria de AVANTE EDITORIAL:

"Eu acredito que não há segredos para se tornar bem-sucedido na vida. E eu realmente acredito que o resultado do verdadeiro sucesso na vida é proveniente do trabalho duro, da preparação e, o mais importante de tudo, do aprendizado através das falhas."

tik tok

LUCRE MUITO COM O SEU TIKTOK

INTRODUÇÃO

COMO UTILIZAR ESSE LIVRO

Este livro foi criado para ser usado como guia na utilização da plataforma Tiktok.

O autor não se responsabiliza pela utilização das informações aqui contidas. Portanto, não existem garantias de rendimento. Toda e qualquer ação tomada após a leitura deste e-book é de única e exclusiva responsabilidade do leitor.

INTRODUÇÃO

A plataforma de mídia social TikTok teve um crescimento explosivo nos últimos dois anos. Agora tem 500 milhões de usuários desesperados por conteúdo divertido e empolgante e esta é uma grande oportunidade para você promover seu negócio.

Para ter sucesso com o marketing da TikTok, você precisa saber como a plataforma funciona e como os usuários interagem entre si. O TikTok atrai um público mais jovem e você realmente precisa falar a língua deles para ter sucesso. Este guia explicará tudo que você precisa saber sobre o TikTok para criar campanhas de marketing de sucesso.

Trabalhamos muito para fornecer a você tudo o que você precisa saber para usar a plataforma TikTok para comercializar o seu negócio com sucesso. Você vai achar que é uma leitura fácil e envolvente e nós o encorajamos a ler do início ao fim e, em seguida, começar a implementar as dicas e conselhos que encontrar aqui.

Você aprenderá que várias empresas e organizações já utilizaram a plataforma TikTok para divulgar a mensagem. O que eles fizeram não é ciência de foguetes e você pode replicar seu sucesso facilmente. O envolvimento com a base de usuários do TikTok é essencial e este guia mostrará como fazer isso.

Outros profissionais de marketing tentaram o marketing no TikTok e falharam. Não queremos que você cometa os mesmos erros que eles cometeram, portanto, siga as etapas deste guia e você maximizará suas chances de sucesso.

Desejo sucesso e estamos aqui para o que precisar

tiktok

LUCRE MUITO COM O SEU TIKTOK

CAPÍTULO 01

O QUE É O TIKTOK

Muitas pessoas nunca ouviram falar do TikTok. Os profissionais de marketing que gastam dinheiro com publicidade em plataformas de mídia social não sabem nada sobre isso ou sobre o potencial que isso oferece. Isso é bom para você porque significa que há menos competição com que se preocupar.

Na verdade, o TikTok foi notícia recentemente pelos motivos errados. Havia a preocupação de que a plataforma não fosse segura para os jovens usarem. A verdade é que havia algum conteúdo duvidoso no TikTok, mas eles limparam seu visual e removeram muitos vídeos que não atendiam às diretrizes e termos de uso da comunidade.

Isso não impediu a TikTok de experimentar um crescimento incrível nos últimos dois anos. No primeiro semestre de 2018, foi o aplicativo iOS gratuito mais baixado. TikTok foi o aplicativo com mais downloads no Google Play em outubro de 2018 e, no geral, foi o terceiro aplicativo com mais downloads do mundo em novembro de 2018.

Em março de 2019, havia mais de 1 bilhão de instalações do TikTok. Foram 660 milhões de downloads em 2018 e no primeiro trimestre de 2019 foram 188 milhões. Existem mais de 500 milhões de usuários ativos do TikTok e 26,5 milhões deles são dos Estados Unidos.

Aqui estão algumas outras estatísticas importantes sobre o TikTok:

- Existem mais usuários do TikTok no Android do que no iOS.
- No momento, a maior base de usuários está na Índia, representando cerca de 43%.
- Cerca de 66% dos usuários do TikTok têm menos de 30 anos.
- O tempo médio gasto na plataforma TikTok é de 52 minutos.
- Houve um aumento com compras no aplicativo de 275% ano a ano.
- 29% da base de usuários usa o TikTok todos os dias.
- Os desafios funcionam bem - o #RaindropChallenge tem mais de 685 milhões de visualizações e o #TumbleweedChallenge criou 8.000 vídeos e tem mais de 9 milhões de visualizações em uma semana.
- Para o desafio #InMyFeelings, existem mais de 5 milhões de vídeos no TikTok em comparação com 1,7 vídeos no Instagram.

O que é tiktok?

Uma empresa em Pequim, na China, chamada ByteDance, desenvolveu o aplicativo Douyin em apenas 200 dias. Eles lançaram o aplicativo para o mercado chinês inicialmente e a empresa lançou o TikTok (que é o mesmo) para o mercado internacional em 2017.

A empresa ByteDance comprou o musical.ly, um aplicativo popular criado por uma startup em Xangai, na China, que também tinha um escritório em Santa Monica, nos Estados Unidos. Isso ajudou o ByteDance a construir uma comunidade de vídeo maior.

O TikTok tem tudo a ver com vídeos curtos. Os usuários enviam vídeos de cerca de 15 segundos. Com o aplicativo anterior, Mucical.ly, os usuários tendiam a fazer upload de vídeos de si mesmos sincronizando os lábios com vídeos de música populares. As mais talentosas dessas pessoas que enviaram vídeos se tornaram os maiores influenciadores da plataforma Musical.ly.

É possível fazer upload de vídeos de cerca de 60 segundos que compartilham histórias, mas a maioria dos vídeos no TikTok tem 15 segundos ou menos. O público-alvo do TikTok, e formalmente do Musical.ly, são adolescentes e aqueles na casa dos vinte anos com uma faixa etária de 13 a 24 anos.

O TikTok mudou a variedade de vídeos enviados para a plataforma desde que cresceu muito. Agora você encontrará muito mais do que vídeos sincronizados com os lábios. Na verdade, existem muitos outros vídeos para escolher, em vez de apenas música.

Agora você pode encontrar comediantes fazendo stand up, muitos vídeos de pegadinhas, vídeos de dança, vídeos de skate, vídeos de moda e beleza e muito mais. Pessoas com todos os tipos de talentos agora estão enviando vídeos para o TikTok. E agora há pessoas enviando vídeos mostrando seus produtos favoritos.

É claro que nem todos os usuários do TikTok criam e fazem upload de vídeos. O mesmo acontece com o YouTube e o Instagram. Muitos usuários procuram apenas conteúdo divertido para deixá-los felizes.

Não há necessidade de um usuário TikTok seguir ninguém no aplicativo. Se eles querem apenas encontrar vídeos divertidos, eles podem apenas usar a página Descobrir e procurar os vídeos nos quais estão interessados. Um usuário do TikTok pode pesquisar vídeos usando palavras-chave ou pode usar hashtags específicas.

Agora os usuários do TikTok estão "gostando" mais dos vídeos do que antes e estão se inscrevendo em mais canais. Há muito mais compartilhamento de vídeos TikTok do que antes e você pode dar uma olhada nos vídeos que um usuário reproduziu em sua página de perfil.

Quem são os usuários do TikTok?

O aplicativo anterior, Musical.ly, tinha como alvo o grupo demográfico da Geração Z e o preconceito eram as mulheres. O TikTok parece ter como alvo as mesmas pessoas, mas é realmente muito cedo para dizer. Certamente existem usos mais antigos na plataforma agora.

Você não pode escapar do fato de que cerca de 66% dos TikTok têm menos de 30 anos. As mulheres ainda dominam a plataforma com a mesma porcentagem. O TikTok tem apelo internacional com muitos usuários da Índia e dos Estados Unidos. O aplicativo irmão Douyin tem cerca de 400 milhões de usuários chineses e os aplicativos usam servidores diferentes.

Quando o Douyin lançou pela primeira vez, mais de 50% de seus usuários tinham menos de 24 anos. No entanto, a maioria desses usuários ainda usa o aplicativo, então a faixa etária continua aumentando. O tempo dirá se a mesma coisa acontecerá com o TikTok e acreditamos que será o caso.

Vídeos no TikTok

Um usuário do TikTok pode enviar um vídeo que ele mesmo gravou ou qualquer outro vídeo que ele tenha em sua galeria. Existem recursos no TikTok que podem desacelerar ou acelerar os vídeos e os usuários podem aplicar vários filtros diferentes.

O TikTok também possui um recurso de "reação", em que os usuários podem gravar um vídeo que inclui sua reação a outro vídeo. Uma pequena janela mostrando o usuário pode ser colocada em qualquer lugar da tela e este é um recurso popular.

Há também um recurso de "dueto" no TikTok, onde um usuário pode criar um vídeo com um vídeo próximo ao outro. Esse recurso estava disponível no aplicativo Musical.ly anterior e era muito popular, então eles decidiram mantê-lo uma jogada inteligente.

Os usuários que enviam vídeos podem marcá-los como "públicos", "privados" ou "somente amigos". O TikTok fornece uma página "para você" que exibe um feed de vídeos recomendados para o usuário com base nos vídeos que o usuário assistiu antes (semelhante ao YouTube) usando inteligência artificial.

Cada usuário do TikTok tem uma seção "salva" em seu perfil que só eles podem ver. Aqui, eles podem adicionar vídeos, sons, filtros e hashtags aos quais podem consultar a qualquer momento em que desejarem fazer isso.

Fatores de crescimento TikTok

Então, como o TikTok cresceu tão rapidamente? A plataforma realmente pegou muita gente de surpresa com seu crescimento significativo em um espaço de tempo tão curto. Aqui estão algumas das principais razões para o crescimento do TikTok:

Endossos de celebridades

Se você conhece alguma coisa sobre redes sociais, sabe que as celebridades têm um impacto significativo. Algumas celebridades são realmente grandes usuários de plataformas de mídia social e comandam muitos seguidores, de centenas de milhares a milhões. O endosso de uma celebridade vai persuadir muitos de seus seguidores.

Uma das primeiras celebridades a abraçar TikTok foi Jimmy Fallon. Ele apresentou o aplicativo em seu programa para incentivar as pessoas a participarem de um desafio que ele havia iniciado. O número de usuários do TikTok cresceu significativamente a partir disso. Fallon agora tem uma parceria com a TikTok.

Conteúdo localizado

Apesar de o TikTok ser um aplicativo global, ele se concentra em conteúdo localizado. Você verá uma série de desafios locais na plataforma e isso resultou em uma melhora na base de usuários. A TikTok tem um concurso que eles chamam de "audição de 1 milhão" que ocorre em diferentes países.

É fácil usar o TikTok

Os usuários acham muito fácil usar o aplicativo TikTok. Isso torna a criação e o compartilhamento de vídeos muito simples, o que os usuários realmente apreciam. Não há uma curva de aprendizado acentuada com o TikTok como ocorre com algumas outras plataformas.

Tudo o que o usuário precisa fazer é gravar o vídeo e publicá-lo instantaneamente. Assim que você abrir o aplicativo TikTok, é muito fácil acessar os vídeos e eles começarão a ser reproduzidos em sequência. As pessoas acham muito fácil encontrar os vídeos que desejam assistir.

tiktok

LUCRE MUITO COM O SEU TIKTOK

CAPÍTULO 02

TIKTOK É IDEAL
PARA O SEU NEGÓCIO?

Você precisa começar bem com o TikTok se quiser ter sucesso com ele. Neste capítulo, veremos a melhor maneira de começar para que você crie a base certa para seu marketing usando o aplicativo.

O TikTok é ideal para o seu negócio?

Antes de começarmos a registrar uma conta TikTok e configurar as coisas, você deve primeiro realizar algumas pesquisas para ver se o TikTok é a plataforma certa para o seu negócio. Pergunte a você mesmo as seguintes questões:

- Seus clientes-alvo têm menos de 35 anos?
- A sua empresa tem como alvo a Geração Z e os jovens da geração Y?
- Seus produtos são visualmente atraentes?
- Você está no mundo da música ou é um artista?
- Você diria que sua marca é divertida, casual e fashion?
- A sua marca tem uma vibe de "garoto legal"?
- Você tem recursos para postar conteúdo regularmente no TikTok?

Esta não é uma lista exaustiva de forma alguma. Dê uma olhada no tipo de marcas que estão usando o TikTok para marketing agora. A sua marca se adequa à plataforma? Recomendamos que, se você pretende comercializar sua marca no TikTok, faça um teste por cerca de 3 meses. Mais adiante neste guia, discutiremos como você pode saber se as coisas estão funcionando para você ou não.

Instale o TikTok

Agora que você decidiu usar o TikTok para sua marca e marketing, você precisará baixar o aplicativo e instalá-lo em seu dispositivo móvel. O TikTok está disponível para dispositivos Android e iOS aqui:

TikTok - Aplicativos no Google Play

TikTok - Vídeos, Música & AO VIVO na App Store (apple.com)

Uma das coisas realmente boas sobre o TikTok é que é fácil compartilhar o conteúdo de outras pessoas livremente em outro lugar. Algumas plataformas de mídia social realmente impedem que isso aconteça. Assim que você tiver uma conta no TikTok, outros usuários podem compartilhar seu conteúdo em outros sites.

Os usuários do TikTok podem baixar versões completas de vídeo e GIF de seu conteúdo, mas há uma marca d'água TikTok nisso. Isso é excelente, pois ajuda a divulgar a plataforma e sua marca de maneira integrada e orgânica.

Depois de fazer o download e instalar o TikTok, você precisará criar uma conta e escolher um nome de usuário e um nome de exibição. É fácil se inscrever usando o Facebook, Twitter ou uma conta de e-mail do Gmail. Faça esses nomes valerem a pena e associe-os à sua marca.

Esteja ciente de que se você se inscrever usando seu número de telefone, seu nome de usuário refletirá esse número. Quando você usa um endereço de email, o TikTok fornece um nome de usuário mais personalizado. Realmente não importa muito porque você pode alterar seu nome de usuário.

Assim que sua conta estiver pronta, o TikTok criará um feed de vídeos que acha que você estaria interessado em usar a tecnologia de IA. Conforme você passa mais tempo usando o TikTok, a tecnologia de IA fará escolhas de vídeo mais inteligentes para você.

Configure o seu perfil

Para acessar seu perfil, toque no ícone que se parece com o contorno de uma pessoa com a palavra "Eu" embaixo, no canto inferior direito da tela. Certifique-se de escrever uma biografia atraente, pois os usuários do TikTok irão lê-la. Precisa ser empolgante para eles quererem seguir você.

Você pode vincular suas contas do YouTube e Instagram em seu perfil e é altamente recomendável que você faça isso. No momento em que este artigo foi escrito, você não pode vincular sua página do Facebook no momento, mas isso com certeza mudará em um futuro próximo.

Tome seu tempo e escreva uma descrição convincente. Adicione as hashtags mais relevantes aqui também. É realmente importante que você faça a descrição o mais envolvente possível. Se você deseja que outros usuários reajam a qualquer um de seus vídeos usando o recurso "dueto", você pode definir isso em seu perfil.

Você precisará selecionar uma imagem ou vídeo para o seu perfil. Recomendamos que você escolha um vídeo aqui. Afinal esta é uma plataforma de vídeo. Quando estiver completando seu perfil sempre pense no apelo que você está criando. Realmente pode fazer toda a diferença entre você ser descoberto na plataforma ou não.

Você precisará selecionar uma imagem ou vídeo para o seu perfil. Recomendamos que você escolha um vídeo aqui. Afinal esta é uma plataforma de vídeo. Quando estiver completando seu perfil sempre pense no apelo que você está criando. Realmente pode fazer toda a diferença entre você ser descoberto na plataforma ou não.

A próxima etapa é encontrar alguns vídeos relacionados e começar a se envolver com outros usuários do TikTok. Você precisa se acostumar a navegar pelo aplicativo, o que é muito simples. Existem dois feeds principais com o aplicativo TikTok. O feed padrão cria a página

"Para você" que apresenta vídeos usando a tecnologia de IA. É semelhante ao funcionamento da página "Explorar" do Instagram.

Ao assistir a um vídeo no TikTok, você notará uma série de ícones à direita. O primeiro ícone o levará ao perfil do criador de conteúdo se você tocar nele. Depois, há o ícone de coração para "curtir" um vídeo.

Em seguida, você tem o ícone de comentários e, em seguida, uma seta apontando para a direita que você pode usar para compartilhar "TikToks" em outras plataformas sociais.

Finalmente, há um ícone de disco giratório com notas musicais saindo dele. Isso fala sobre a música que está tocando no vídeo. Ao clicar nele, você pode ver o nome da faixa e do artista, bem como um feed com outros vídeos que usam a mesma música ou música.

Se você encontrar um vídeo de que goste, toque no ícone de coração para "curtir" como faria no Instagram ou Facebook. Quando você encontrar vídeos relacionados de usuários que têm bons seguidores, deixe um comentário, pois eles aprenderão sobre isso. Você também pode compartilhar o vídeo em plataformas externas.

Seguindo outros usuários do TikTok

Recomendamos que você comece a seguir outros usuários do TikTok. Se eles estiverem no mesmo nicho que você, esta é uma ideia particularmente boa. Na verdade, existem quatro maneiras de seguir outro usuário no TikTok e os métodos variam um pouco se você estiver usando um dispositivo iOS ou Android:

Seguir usuários do TikTok em um dispositivo iOS

1.**Procure vídeos ou categorias** - com o aplicativo aberto, toque na lupa na parte inferior da tela. Isso leva você para a página onde você pode pesquisar por usuário ou categoria. Aqui você pode tocar em uma hashtag ou categoria. Também existe uma barra de pesquisa no topo da página. Agora toque em um vídeo e procure a imagem do perfil no canto inferior direito. Toque no sinal de adição e isso se transformará em uma marca de seleção.

2.**Procure por um nome de usuário** - use a lupa novamente e digite o nome de usuário na barra de pesquisa. Você verá o usuário com um botão vermelho "Seguir" à direita. Isso se transformará em um botão branco "Seguindo".

3.**Siga os contatos em seu dispositivo** - toque no ícone de pessoa no canto inferior direito da tela. Toque no ícone de contorno da pessoa com um "+" para abrir a tela "Amigos". Toque em "Encontrar contatos e amigos" e siga um contato usando o botão vermelho "Seguir" como acima.

4.Siga amigos do Facebook - vá para a tela Amigos novamente usando o método acima. Desta vez, toque em "Encontrar amigos do Facebook". Uma mensagem aparecerá sobre como entrar no Facebook. Toque em "Continuar". Depois de confirmar seu login do Facebook, você pode convidar seus amigos para o TikTok usando o botão vermelho Seguir.

Seguir usuários do TikTok em um dispositivo Android

1.Seguir de Navegar - abra o TikTok e deslize para cima na tela principal para encontrar uma conta de seu interesse. Você pode ver os vídeos recentes deslizando para cima e para baixo no feed da página inicial. Aqui você verá a foto do perfil com um sinal de adição vermelho. Toque neste sinal de mais para seguir este usuário.

2.Seguir da Pesquisa - toque no ícone da lupa que está na parte inferior esquerda da tela. Isso abre a página de pesquisa para você. Agora use a barra de pesquisa na parte superior da página para pesquisar usuários, hashtags e sons. Ao ver o usuário listado que deseja seguir, basta tocar no botão vermelho "Seguir".

3.Siga os contatos em seu dispositivo - toque no ícone do seu perfil no canto inferior direito da tela para abrir a página do perfil. Toque no contorno da pessoa com um sinal de mais no canto superior esquerdo. Em seguida, toque em "Encontrar contatos e amigos" e isso fará a varredura em sua agenda. Você precisará tocar em um botão "Permitir" primeiro. Toque no botão Seguir ao lado do nome do seu contato.

4.Siga amigos do Facebook - abra sua página de perfil como você fez acima e toque na pessoa do esboço com o sinal de mais. Desta vez, toque em "Encontrar amigos do Facebook". Você precisará entrar no Facebook para que o TikTok possa escanear seus amigos. Quando você vir sua lista de amigos, toque no botão vermelho Seguir.

tiktok

LUCRE MUITO COM O SEU TIKTOK

CAPÍTULO 03

TIPOS DE POSTAGENS

PARA O SEU TIKTOK

Tipos de postagens no TikTok

Para lhe dar algumas boas ideias de conteúdo que você pode criar no TikTok, daremos uma olhada nos tipos de postagens mais comuns que você verá. Lembre-se de que tudo o que você faz precisa ser divertido.

Vídeos de música

Lembre-se de que a plataforma TikTok é uma continuação da plataforma Musical.ly, que girava em torno da sincronização labial de músicas famosas. Portanto, provavelmente não será surpresa para você saber que os mini videoclipes e até as montagens musicais são muito populares no TikTok.

Você encontrará vários vídeos dublados e outros um pouco mais criativos. Por exemplo, encontramos vários videoclipes que apresentavam personagens de jogos em que a letra da música tinha uma forte conexão.

Vídeos de comédia

Existem muitos vídeos no TikTok que têm como objetivo fazer as pessoas rirem. É incrível como as pessoas pensam em algumas das ideias para vídeos engraçados e os criam. Você encontrará vídeos engraçados para pessoas de todas as idades. Embora muitos dos vídeos cômicos sejam espontâneos e durem cerca de 15 segundos ou menos, há outros vídeos que foram claramente bem planejados e contêm muitos detalhes. Fazer vídeos cômicos não é fácil, mas se você puder, você realmente se conectará com a turma do TikTok.

Vídeos de efeitos especiais

Você pode criar ótimos vídeos com efeitos especiais dentro do TikTok. Por exemplo, existem vários filtros de rosto que você pode usar para tornar seus vídeos realmente interessantes. Os vídeos de efeitos especiais geralmente são muito populares, então você deve tomar seu tempo e aprender tudo o que puder sobre o que é possível.

Vídeos de dueto

Se você vir uma postagem musical específica que deseja responder, você pode usar o recurso "Duetos" no TikTok para criar seu próprio vídeo ao lado do vídeo original e usar a mesma música. Esse era um recurso popular do Musical.ly que os usuários realmente gostavam.

Alguns dos melhores vídeos que usam o recurso Duetos são reacionários. Você verá como alguém se sente em relação ao vídeo original, que geralmente é muito engraçado. Não é tão difícil fazer vídeos no estilo dueto e você pode usar seus próprios vídeos e reagir a eles.

Vídeos de desafio

Uma coisa muito popular no TikTok é um desafio de hashtag. Quando Jimmy Fallon, o apresentador do Tonight Show, teve a ideia do #tumbleweedchallenge, foi um enorme sucesso e em menos de uma semana havia mais de 8.000 vídeos relacionados a ele no TikTok que alcançaram mais de 10 milhões de engajamentos.

Um vídeo de desafio basicamente encorajará os usuários a participar fazendo algo divertido. Outros desafios bem-sucedidos incluíram o #ChipotleLidFlipChallenge, em que o objetivo aqui era virar a tampa de uma tigela de Chipotle usando apenas a tigela. Se você encontrar o desafio certo, poderá obter um grande engajamento no TikTok.

Criação de um vídeo TikTok

Sempre recomendamos que você planeje seus vídeos TikTok ao promover sua marca na plataforma. Lembre-se de que o seu objetivo é sempre o engajamento com os usuários e, embora os vídeos espontâneos possam certamente fazer isso, aqueles que são planejados tendem a ser muito melhor.

É muito simples criar um vídeo TikTok. Se você já postou uma história no Instagram ou Snapchat, então vai encontrar as ferramentas disponíveis no TikTok fáceis de usar, intuitivas e poderosas.

A primeira coisa que você precisa fazer é tocar no ícone "Mais" na parte inferior da tela. Isso abrirá a câmera do seu dispositivo e você verá um grande botão redondo vermelho de gravação. Você pode criar um vídeo curto de 15 segundos ou um vídeo mais longo de 60 segundos.

Não é necessário usar sua câmera para gravar algo em tempo real. Existe um botão "Upload" que você pode usar para enviar um vídeo que você criou anteriormente. Seja qual for o caminho que você escolher, você pode usar as ferramentas do TikTok para adicionar uma série de efeitos especiais, incluindo:

- Acelere seu vídeo
- Abrande o seu vídeo
- Alterne entre a câmera frontal e traseira do smartphone
- Adicionar um cronômetro

Existem vários efeitos disponíveis no TikTok e quando você toca no ícone "Efeitos" no lado esquerdo da tela, você pode navegar por eles. Existe uma guia "Mundo" onde você encontrará efeitos adequados para o ambiente, como uma fatia de pizza de realidade aumentada!

Se você estiver usando um cachorro ou um gato em seu vídeo, existem efeitos especiais disponíveis para eles também. O botão "Beleza" é um protetor de vida real. Use isto para apagar quaisquer sombras escuras que você possa ter sob seus olhos.

Depois, há os vários filtros disponíveis, todos numerados, ao contrário do Instagram, onde todos têm nomes. Assim como no Instagram, os filtros do TikTok existem para permitir que você altere o filtro de cor da câmera.

O recurso de cronômetro é muito útil, pois você pode configurá-lo para criar gravações com as mãos livres. Sem esse recurso, você precisaria manter o botão de gravação pressionado o tempo todo quando estiver gravando seus vídeos de dentro do TikTok.

Recomendamos que você passe algum tempo experimentando as várias ferramentas de efeitos especiais do TikTok. Não levará muito tempo para se tornar um especialista e, depois disso, você pode começar a testar o recurso Duetos. Para criar um vídeo do Dueto, basta tocar no botão de compartilhamento com o original e escolher Dueto.

É sempre bom adicionar uma faixa musical com os vídeos do TikTok e você pode fazer isso depois de carregá-la para a tela de gravação. Na verdade, os vídeos podem se tornar virais no TikTok simplesmente por causa da faixa musical escolhida.

Para adicionar uma faixa de música, tudo o que você precisa fazer é tocar no ícone "Adicionar um som" que está no lado direito da tela de gravação. Você verá um menu de streaming de músicas e artistas semelhantes ao Spotify. Basta navegar pelas faixas mais populares no TikTok e você também pode encontrar outras músicas no Apple Music, se desejar.

Lembre-se de que você não encontrará músicas completas no TikTok. Em vez disso, você encontrará clipes curtos para usar com seus vídeos curtos. Você não pode editar esses clipes que podem não ser o que você deseja. Mas há uma solução, pois você pode tocar a música em outro dispositivo enquanto grava um vídeo no TikTok. Em seguida, é registrado como um som original.

Você precisa ter cuidado para não infringir nenhum direito autoral se gravar som de outro dispositivo. No menu de sons, você encontrará as faixas associadas aos desafios do TikTok.

Assim que terminar o vídeo, basta tocar em "Próximo" e você verá uma página que se parece muito com a página de postagem do Instagram. Nesta página, você pode criar uma legenda para o seu vídeo e adicionar hashtags relevantes.

Se desejar, você pode adicionar os identificadores de conta de outros usuários aqui e pode fazer alterações nas configurações de privacidade, onde pode ativar ou desativar Duetos, ativar ou desativar os comentários e fazer o download para a galeria de fotos do seu smartphone, você pode tocar em "Salvar no álbum". Para fazer a postagem mais tarde, você pode tocar no botão "Rascunho" e retornar a ele mais tarde.

Marketing de conteúdo no TikTok

Sempre que você está postando conteúdo no TikTok, você precisa pensar sobre engajamento. Assim que você começar a criar vídeos divertidos que gerem engajamento, seus seguidores vão querer mais de você. Portanto, é melhor você ter um plano para mantê-los entretidos regularmente!

Haverá vários profissionais de marketing que farão muitas postagens no TikTok no início e nada postarão depois. Este não é o melhor caminho a seguir. É como dizer ao seu público que você não tem nada de novo para oferecer a eles. Seus seguidores sentirão que você não deseja mais se comunicar com eles e deseja evitar isso.

Crie uma programação para suas postagens no TikTok. Você precisa se comprometer se deseja ter sucesso em plataformas de mídia social como o TikTok. Novo conteúdo postado regularmente aumentará suas chances de mais engajamento e mais seguidores.

tiktok

LUCRE MUITO COM O SEU TIKTOK

CAPÍTULO 04

TIKTOK HASHTAGS

É muito importante que você use as hashtags corretas com suas postagens do TikTok. Você pode adicioná-los a uma postagem de vídeo, uma postagem independente ou na seção de comentários. Se você deseja categorizar parte do seu conteúdo no TikTok, você precisa usar as hashtags certas.

Você também pode usar hashtags quando quiser que seu público saiba que a postagem de vídeo que você está publicando está relacionada a algumas de suas postagens anteriores. Se você deseja destacar um evento de tendência, você precisa usar hashtags.

Razões para usar Hashtags TikTok

Existem várias razões importantes pelas quais você deve usar as hashtags TikTok. Aqui estão os dois motivos mais importantes.

Obtenha mais curtidas e exposição

O principal motivo para usar hashtags é tornar mais fácil para os usuários do TikTok entenderem do que tratam seus vídeos, para que sejam persuadidos a assisti-los. Ao persuadir seu público a assistir a um vídeo com as hashtags certas, você certamente obterá mais visualizações.

Hashtags são boas para destacar tópicos de tendência que os usuários não querem perder. Isso também aumentará o número de curtidas que você recebe. Quanto mais engajamento você conseguir por meio das hashtags certas, melhor e isso o ajudará a impulsionar mais vendas.

Aumente o seu Seguimento

Alguns dos usuários do TikTok estarão procurando por tipos específicos de conteúdo. Eles verão as hashtags como a melhor maneira de determinar o tipo de conteúdo. Você deve usar hashtags relevantes e os usuários do TikTok estarão mais propensos a segui-lo se suas hashtags descreverem seu conteúdo com precisão. Existem outros usuários tentando enganar as pessoas com suas hashtags.

Como você pode encontrar as melhores hashtags para o TikTok?

Você precisa saber como encontrar as melhores hashtags para o seu conteúdo no TikTok. Existem alguns métodos comprovados que você pode usar para encontrá-los.

Conheça o seu público

Grande parte do seu público no TikTok seguirá apenas algumas hashtags na plataforma. Se você apenas usar hashtags aleatórias e não categorizar suas postagens corretamente, os usuários irão ignorar suas hashtags e postagens.

Você não se estabelecerá em seu nicho a menos que pesquise seu público adequadamente para descobrir do que ele realmente gosta.

Depois de saber o que seu público deseja, será fácil para você criar suas próprias hashtags exclusivas que realmente o atrairão. Você pode começar a criar hashtags personalizadas depois de estabelecer sua marca com seu público.

Depois de saber o que seu público deseja, será fácil para você criar suas próprias hashtags exclusivas que realmente o atrairão. Você pode começar a criar hashtags personalizadas depois de estabelecer sua marca com seu público.

Veja o que os influenciadores do TikTok estão fazendo

Você precisa descobrir quem são os melhores influenciadores no TikTok e ver como eles se tornaram tão bem-sucedidos. É importante que você aprenda com esses influenciadores porque eles sabem o que estão fazendo e como tirar o melhor proveito da plataforma.

Veja as tendências que os influenciadores usam e as hashtags que eles usam. Dê uma olhada nas postagens que os influenciadores fazem e observe as hashtags que eles usam para as postagens de maior sucesso. Veja também algumas das postagens que não funcionaram tão bem para que você possa evitar cometer os mesmos erros.

Confira seus concorrentes

Passe algum tempo pesquisando seus concorrentes no TikTok. A maioria deles usará as mesmas hashtags em suas postagens e, em seguida, você pode segui-las para ver o que seu público deseja do nicho em que você está.

Esta é uma tarefa muito importante quando você está apenas começando com o TikTok e está tentando se estabelecer. Nunca copie o que seus concorrentes estão fazendo. Veja seus sucessos para gerar ideias para as hashtags que você pode usar.

Use as ferramentas para encontrar boas hashtags TikTok

Existem boas ferramentas que você pode usar para encontrar hashtags. Usar esses pedágios mostrará hashtags populares para nichos específicos. Aqui estão algumas boas ferramentas que você pode usar:

Ferramentas gratuitas de mídia social • Ferramentas de Produtividade Gratuitas • Ferramentas gratuitas de SEO - Seekmetrics

Você pode usar essa ferramenta para encontrar boas hashtags para suas postagens no TikTok. Também existe a opção de usar métricas comparativas para que você possa medir seu desempenho na plataforma. O Seekmetrics é fácil de usar e a interface é intuitiva.

Há um recurso de pesquisa onde você pode digitar uma palavra-chave de hashtag e Seekmetrics fornecerá algumas sugestões para você. Você pode copiar essas sugestões para adicioná-las posteriormente às suas postagens do TikTok.

Todas as Hashtag - Home | Principais hashtags para instagram, twitter e mais | Gerador de hashtags, principais hashtags, criar hashtags (all-hashtag.com)

All Hashtag é outro bom gerador de hashtag. Para usar a ferramenta, basta digitar uma palavra-chave e All Hashtag fará o resto. Ele recomendará boas hashtags para o seu nicho e você poderá copiá-las para referência futura.

As 100 melhores hashtags para usar para mais curtidas

Aqui estão as melhores hashtags que recomendamos que você use para obter mais curtidas para suas postagens do TikTok:

1. #tiktok
2. #engraçado
3. #amor
4. #me siga
5. #memes
6. #bonitinho
7. #música
8. #Diversão
9. #moda
10. #feliz
11. #musicalmente
12. #Segue
13. #followforfollowback
14. #comédia
15. #lol
16. #meme
17. # like4like
18. #muser
19. #vídeo
20. #menina

21. #vídeos engraçados
22. #dankmemes
23. #dança
24. #Como para seguir
25. #tbt
26. #tiktokindo
27. #Eu
28. # repost4follow
29. #verão
30. #foto do dia
31. #amigos
32. #vida
33. #beleza
34. #vida
35. #selfie
36. #sorriso
37. #incrível
38. #família
39. #de praia
40. #ootd
41. #bela
42. #ginástica
43. #céu
44. #bonito
45. #foodporn
46. #pôr do sol
47. #cão
48. #cabelo
49. #Swag
50. #vsco
51. #gato
52. #Maquiagem
53. #feriado
54. #inspiração
55. #iphoneonly
56. #mar
57. #moda
58. #arte
59. #etiquetas para curtir
60. #sol

61. #Sem filtro
62. #viajar por
63. #seguir por seguir
64. #foto
65. #fotografia
66. #vscocam
67. #modelo
68. #fotografia
69. #instalike
70. #natureza
71. #nyc
72. #foto do dia
73. #casa
74. #desenho
75. #saudável
76. #melhor do dia
77. #Academia
78. #bebê
79. #Projeto
80. #frio
81. #instapic
82. #motivação
83. #noite
84. #Festa
85. #instacool
86. #Natal
87. #em forma
88. #bom Dia
89. #treino
90. #azul
91. #flowers
92. #handmade
93. #Preto e branco
94. #instafood
95. #delicioso
96. #cor de rosa
97. #quente
98. #estilo de vida
99. #trabalhos
100. #Preto

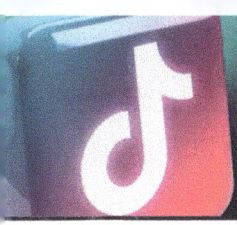

Dê uma boa olhada nessas sugestões de hashtag e descubra quais se adequam ao seu nicho. Alguns deles são gerais, então você pode experimentá-los. Sempre meça o desempenho da sua hashtag, pois é muito importante para o seu sucesso no TikTok.

tiktok

LUCRE MUITO COM O SEU TIKTOK

CAPÍTULO 05

ESTRATÉGIAS DE MARKETING

PARA O SEU TIKTOK

Acreditamos que existem três maneiras eficazes de comercializar sua marca no TikTok:

1. Você cria seu próprio canal de marca e envia vídeos relevantes para o seu nicho
2. Você pode identificar e trabalhar com influenciadores no TikTok para aumentar seu alcance na plataforma.
3. Você pode anunciar no TikTok (abordaremos isso no próximo capítulo).

Muitos profissionais de marketing no TikTok usam uma combinação dessas coisas para aumentar seus seguidores e aumentar seu alcance. Neste capítulo, discutiremos as 8 estratégias de marketing de maior sucesso que muitas marcas usam:

1. Desafios de hashtag

A comunidade TikTok adora desafios. Muitos usuários adoram aceitar desafios na plataforma, criar vídeos e enviá-los em resposta ao desafio. Se você deseja criar um desafio no TikTok (e deveria), então você precisa criar uma hashtag interessante e relevante. Ele precisa ser memorável e fácil de ser encontrado pelos usuários.

Já mencionamos neste guia o quão popular foi o Jimmy Fallon #tumbleweedchallenge.

OK, ele teve o benefício de usar o poder do Tonight Show para espalhar a palavra sobre seu desafio.

Mas se você tirar isso da equação, ainda assim foi um bom desafio porque havia mais de 8.000 vídeos criados e mais de 10 milhões de engajamentos. Tudo o que ele pediu aos usuários do TikTok foi cair no chão e rolar como uma erva daninha ao ouvir uma determinada peça musical.

Para criar um desafio de sucesso, você precisa pensar em como um usuário TikTok pode interagir com sua marca de uma forma divertida. Talvez eles segurem um de seus produtos e façam algo divertido com ele? Você também precisa pensar na dificuldade e na criatividade do desafio.

Sempre recomendamos que você adicione um grau de dificuldade ao desafio. O desafio Jimmy Fallon tumbleweed foi difícil porque cair no chão e rolar como um tumbleweed tinha que ser feito em público. Aqueles que aceitaram este desafio ficaram muito orgulhosos por terem superado a timidez e conseguido.

É sempre uma boa ideia permitir ao usuário alguma flexibilidade em qualquer desafio que você criar. Forneça orientações aos usuários do TikTok, mas não diga a eles exatamente o que devem fazer. Você obterá melhores resultados se permitir aos usuários a chance de colocar seu próprio estilo nas coisas.

A empresa de jeans GUESS fez isso muito bem. Jeans são um item muito pessoal, então eles encorajaram os usuários a mostrar como eles gostavam de usá-los. Isso deu aos usuários a liberdade de usar filtros e outros efeitos especiais de dentro do TikTok.

O Google também teve um desafio TikTok bem-sucedido para o Google Assistant. Quando você pensa sobre isso, há quase um número infinito de coisas que uma pessoa poderia perguntar ao Google Assistente. Portanto, o Google convidou os usuários a fazerem qualquer pergunta que quisessem ao Google Assistente, o que tornou o desafio criativo e muito popular.

2. Use duetos

Muitos profissionais de marketing perdem o truque com o Duets. Você pode utilizar uma campanha de hashtag com um dueto que seja único e atraia muito engajamento. O conhecido DJ Khaled é agora um parceiro oficial da TikTok. Ele criou uma hashtag muito popular #catchtheseblessings, criando duetos em que olha para si mesmo e elogia os indivíduos.

Assim, os usuários podem usar a função Duet para se gravar ao lado do DJ Khaled para que possam reagir ao que ele está dizendo em seu vídeo. Portanto, encorajamos você a pensar em maneiras de interagir com seu público usando o recurso Duet no TikTok. Aqui estão algumas idéias:

- Cante um para o outro
- Manter uma conversa
- Mais cinco um ao outro
- Terminem as frases uns dos outros

Existem tantas possibilidades com isso, então comece a pensar porque o TikTok realmente gosta do recurso Duet e o usa muito. Faça isso direito e você terá muito engajamento para sua marca.

3. Use influenciadores

Como seria de esperar, há vários influenciadores no TikTok, assim como em todas as outras plataformas de mídia social. A diferença é que, como o TikTok é relativamente novo, não há tantos quanto no Instagram, por exemplo, então identificá-los deve ser mais fácil para você.

Mesmo que a plataforma TikTok seja nova, ainda existem influenciadores nela com milhões de seguidores. Eles podem realmente ajudá-lo a divulgar sua campanha de marketing para o público deles.

Ao escolher um influenciador, você deve considerar a autenticidade que ele possui e usar o tipo certo de conteúdo. Grandes marcas como o Google têm usado influenciadores para espalhar a palavra sobre suas campanhas com bons resultados.

Houve uma série de casos de marketing de influenciadores bem-sucedidos usando desafios de hashtag, por exemplo. Tudo se resume a selecionar o influenciador certo e permitir que ele tenha sua opinião. Deixe que eles crie o melhor conteúdo para sua campanha porque eles conhecem seu público muito melhor do que você.

Assim, você pode pedir a um influenciador para vestir uma peça de roupa que você vende ou usar um de seus produtos. O influenciador precisa se sentir confortável fazendo isso. Se eles não gostarem das roupas ou dos produtos que você vende, isso nunca funcionará bem. TikTok é uma plataforma para jovens, então não espere que influenciadores promovam campanhas de produtos desenvolvidos para pessoas mais velhas.

4. Use a escassez

A escassez é sempre uma boa tática de marketing e isso certamente se aplica ao TikTok. Você deseja incentivar o engajamento e a participação, e ter uma limitação de tempo levará os usuários a se envolverem. Se você não usar alguma forma de escassez, as pessoas adiarão sua participação e provavelmente nunca terminarão por fazê-lo.

Portanto, se você deseja criar um desafio, coloque um limite de tempo nele. Quando um usuário do TikTok sabe que tem apenas alguns dias para participar, isso o forçará a tomar uma decisão. A GUESS Jeans deu aos usuários 7 dias para participar de seu desafio, o que foi muito eficaz, pois o número de participações foi alto.

5. Seja autêntico

Sempre recomendamos a autenticidade do seu marketing para qualquer canal social, mas é particularmente importante com o TikTok, pois é tão novo e puro. A plataforma ainda não está saturada de marcas como Instagram e outras (temos certeza que isso vai acontecer eventualmente).

Você sempre precisa ser autêntico no TikTok ou a comunidade irá rejeitá-lo. Não seja orientado para as vendas e tente forçar os usuários a comprar seus produtos e serviços. Em vez disso, você precisa estimular a comunidade e a criatividade.

Use o engajamento com sua marca como uma boa maneira de seu público receber curtidas e compartilhamentos de suas comunidades. Quando você acertar, terá muito sucesso com seu marketing no TikTok.

6. Construa uma comunidade

Você não irá muito longe com o TikTok se apenas criar um único desafio e alavancá-lo usando um influenciador. É essencial que você esteja preparado para construir uma comunidade na plataforma. Claro, você pode desenvolver a comunidade em torno de sua marca e de seus produtos.

Recomendamos que você comece criando vídeos simples. Você precisa decidir o tom que deseja para sua marca e, em seguida, criar vídeos curtos que ressoam com isso. Você quer ser engraçado, político, polêmico ou positivo? Quando você cria uma boa vibração de comunidade no TikTok, outros usuários clamam para participar.

7. Incentive o conteúdo gerado pelo usuário

A multidão da Geração Z deseja estar totalmente imersa. Eles gostam de ser ativos e não são fãs de assistir TV, pois isso é muito passivo para eles. Os usuários do TikTok desejam participar e se envolver com as coisas. Portanto, dê a eles essa oportunidade em torno de sua marca.

Seu objetivo aqui é incentivar os usuários do TikTok que gostam de sua marca a compartilhar vídeos de si mesmos usando ou interagindo com seus produtos de alguma forma. Quando isso acontece, é provável que você receba altos níveis de engajamento.

Um restaurante na China teve a ideia de incluir uma opção faça você mesmo em seu cardápio. As pessoas que escolheram essa opção puderam criar seus próprios pratos exclusivos e muitas delas criaram vídeos em torno disso. Em seguida, eles enviaram esses vídeos para a versão chinesa do TikTok, que é Douyin.

Qual foi o resultado disso? Bem depois de apenas alguns clientes que escolheram a opção Faça você mesmo, enviaram os vídeos, o restaurante experimentou um aumento acentuado no tráfego. Na verdade, mais 15.000 pessoas procuraram o restaurante para pedir sua opção faça você mesmo e muitos deles fizeram vídeos e os enviaram. Mais de 50 milhões de usuários assistiram a esses vídeos.

8. Promova seus vídeos em outros canais sociais

Ao criar vídeos para o TikTok, você também pode usá-los para promoção em outros canais sociais. Adicione-os também ao seu site ou blog. Esta é uma ótima maneira de obter mais seguidores no TikTok, bem como em outras plataformas.

tiktok

LUCRE MUITO COM O SEU TIKTOK

CAPÍTULO 06

ANÚNCIOS NO TIKTOK

No momento em que este guia foi escrito, os anúncios TikTok não estavam disponíveis para todos os países. Eles certamente estavam disponíveis nos Estados Unidos. Para ver se você pode colocar anúncios no TikTok em seu país, vá para TikTok For Business: marketing no TikTok.

A TikTok começou a exibir anúncios curtos em janeiro de 2019. Mais tarde, em abril de 2019, a TikTok lançou a versão beta de sua plataforma de serviço gerenciado, que criou um ambiente de anúncios que recebe lances. Os representantes da TikTok exibirão os anúncios para você, mas isso com certeza mudará. Portanto, aqui queremos explicar os tipos de anúncios que estão disponíveis na plataforma TikTok.

Existem algumas coisas que você precisa saber sobre os anúncios TikTok primeiro. Você só pode usar um anúncio de vídeo no feed. Isso é sensato, pois a plataforma é conhecida por seus curtos videoclipes. Você pode escolher entre três modelos diferentes com estes anúncios:

1. Custo por clique (CPC)
2. Custo por mil impressões (CPM)
3. Custo por visualização (CPV) - esta é uma visualização de 6 segundos.

Em termos de segmentação por público-alvo, você pode escolher sexo e idade, bem como segmentação geográfica em nível estadual. No futuro, a TikTok planeja introduzir outras opções de segmentação, como comportamento, interesse e dados demográficos mais granulares.

No momento, não há requisito de gasto mínimo, mas a TikTok incentiva seus anunciantes a fazer um investimento em anúncios que sejam grandes o suficiente para produzir resultados e gerar leads e vendas.

Existe um recurso para criar listas personalizadas, mas você precisará usar uma lista física para isso, pois a integração com o CRM não está disponível no momento. Com o tempo, certamente haverá uma opção de autoatendimento e integrações úteis.

Anúncios de aquisição de marca

Se você deseja que seu anúncio apareça quando um usuário abrir o TikTok, o anúncio de controle de marca é ideal para você, pois apresentará seu anúncio na frente e no centro. Com este tipo de anúncio, você poderá direcionar os usuários do TikTok internamente ou para um destino externo.

Apenas um anunciante pode usar um anúncio de aquisição de marca por categoria por dia. Com o tempo, isso tornará esses anúncios muito caros. Na parte superior da tela, o usuário pode optar por pular o anúncio se não for de seu interesse.

Com os anúncios de aquisição de marca, você poderá medir o alcance por meio de taxas de cliques, alcances únicos e impressões. Esses serão tipos de anúncios eficazes, pois os anúncios serão amigáveis ao usuário e projetados para ter um impacto no público-alvo.

O anúncio do desafio de hashtag

O anúncio do desafio de hashtag visa encorajar o conteúdo gerado pelo usuário, solicitando aos usuários do TikTok que participem de um desafio que mostre sua marca de alguma forma. Os desafios são muito populares no TikTok, portanto, se você acertar, poderá esperar resultados muito bons.

Os desafios da hashtag são tão bem-sucedidos porque capitalizam a tendência natural dos usuários do TikTok de criar seu próprio conteúdo e carregá-lo na plataforma. Quando você for para um anúncio de desafio de hashtag, o representante da TikTok fará parceria com você por um período de 6 dias, que será a duração do seu anúncio.

É uma boa ideia encontrar um bom parceiro influenciador para seu anúncio de desafio de hashtag, pois ele poderá estender seu alcance consideravelmente. A ideia de desafio certa resultará em muitos engajamentos orgânicos na plataforma TikTok.

Anúncios de lente de marca

Se você está familiarizado com as lentes AR oferecidas pelo Instagram e Snapchat, verá que este é um conceito semelhante. Com aplicativos de lentes de marca, você pode usar objetos 3D, filtros de rosto e muito mais.

Uma lente de marca pode fornecer um nível muito profundo de envolvimento no TikTok. Quando você tem o suporte da base de usuários, esta será uma ótima maneira de divulgar sua mensagem.

Anúncios nativos em feed

Se você gosta dos anúncios de história do Instagram em modo de tela inteira e acredita que o tipo de abordagem dele é a certa para sua marca, os anúncios nativos em feed da TikTok podem ser a escolha certa para você. Você poderá adicionar um link para seu site nesses anúncios.

É claro que, como acontece com outros anúncios, os anúncios nativos no feed têm um recurso de "pular" para usuários que não têm interesse. Com este tipo de anúncio, existem várias opções disponíveis para você quando se trata de design. Você poderá medir os engajamentos que recebe com este tipo de anúncio, bem como o total de visualizações, tempos de visualização, cliques e impressões.

Seu anúncio nativo no feed pode ter entre 5 e 15 segundos de duração. O vídeo deve estar no formato vertical e será exibido na página "Para você" do usuário do TikTok. Existem algumas opções de apelo à ação, como visitas ao seu site e downloads de aplicativos.

Os anúncios TikTok certamente melhorarão com o tempo. É do interesse da empresa atrair anunciantes e mantê-los o mais satisfeitos possível. No momento, o sistema de anúncios TikTok não tem a sofisticação dos anúncios do Facebook ou do Instagram, mas isso vai melhorar à medida que a plataforma continua a crescer.

No momento, os anúncios no TikTok provavelmente serão os mais baratos do que nunca, então recomendamos que você experimente. Certamente há uma base de usuários grande o suficiente para fazer isso valer a pena para você.

Como acontece com todos os anúncios de mídia social, é uma boa ideia ajustá-los e misturá-los. Ver o mesmo anúncio o tempo todo não é uma coisa boa nas redes sociais. Teste todos os anúncios que você coloca e dedique um tempo para descobrir por que alguns têm melhor desempenho do que outros.

Todos os seus anúncios precisarão se integrar perfeitamente à plataforma TikTok. Os representantes vão garantir isso agora e, mesmo quando a plataforma for de autoatendimento, os anúncios provavelmente ainda exigirão a aprovação da TikTok.

Anúncios divertidos, divertidos e consistentes têm maior probabilidade de vencer. Qualquer coisa que incentive a participação terá mais apelo. Então, se você quiser usar os anúncios TikTok, você precisa planejar seu conteúdo e deixar sua criatividade fluir.

tiktok

LUCRE MUITO COM O SEU TIKTOK

CAPÍTULO 07

ESTUDO DE CASOS

Já houve uma série de casos de uso de sucesso no TikTok, apesar da plataforma ser relativamente nova. Alguns dos primeiros a adotar o TikTok incluem equipes esportivas, músicos e faculdades, bem como empresas específicas. Em muitos casos, eles descobriram que seus vídeos TikTok criam mais engajamento do que em outras plataformas sociais.

The Bailey Bakery

Muitas padarias, confeiteiros e decoradores de bolos usam o TikTok para seu marketing com bons resultados. Isso faz sentido porque assar e fazer bolos são altamente demonstrativos. Você encontrará muitos vídeos de chefs e decoradores de bolos fazendo suas coisas com música no TikTok.

Vários chefs e padeiros acumularam seguidores de mais de 100.000 no TikTok, mas a Bailey Bakery realmente se destaca. No momento em que este artigo foi escrito, eles tinham mais de 4 milhões de seguidores e seus vídeos receberam mais de 90 milhões de corações (curtidas). Todos os seus vídeos mostram padeiros decorando biscoitos com música de fundo. Às vezes, eles também usam os efeitos de "aceleração".

Advogado Anthony Barbuto

Este provavelmente irá surpreendê-lo. Parece improvável que os advogados se saiam bem no TikTok, mas existem alguns que estão obtendo bons resultados. Alguns escritórios de advocacia utilizam a plataforma para divulgação da marca e se divertem nos processos.

A maior história de sucesso de advogado na TikTok é Anthony Babuto. No momento em que este artigo foi escrito, ele tinha mais de 1,8 milhão de seguidores e seu conteúdo tinha mais de 26 milhões de corações. Outros advogados compartilham seus conselhos e experiência no TikTok e alguns vídeos recebem milhares de corações e comentários.

Universidade da Flórida

Não é nenhuma surpresa ver universidades e faculdades com contas TikTok. Alguns estão se saindo melhor do que outros e a Universidade da Flórida certamente está deixando sua marca na plataforma. Eles têm mais de 83.000 seguidores e quase um milhão de corações para seus vídeos.

A Universidade da Flórida compartilha muitas experiências diferentes, como olhar os bastidores do campus, realizações de vários alunos, vídeos sobre esportes exagerados e até desafios de dança.

Lis Nas X

Novamente, nenhuma surpresa em ver músicos usando TikTok, mas Lil Nas X é um rapper inteligente que usou a plataforma para realmente divulgar sua música. A maioria das pessoas já ouviu a música "Old Town Road" e você pode agradecer ao TikTok por isso em grande parte.

Alguns anos atrás, Lil Nas X era desconhecido, mas ele descobriu como poderia usar a cultura meme do TikTok para atrair as "crianças legais" na plataforma. Sua música Old Town Road se tornou viral e acabou sendo a música número um mais longa na Billboard Hot 100 e no Spotify.

Como ele fez isso? Bem, ele postou um vídeo dele tocando a música na plataforma TikTok que rapidamente se transformou em um meme. Isso se espalhou como um louco e produziu mais de 500 milhões de visualizações de vídeo e resultou em mais de 5 milhões de usuários criando vídeos em torno de sua hashtag #oldtownroad.

The Lomile Shop

Se você possui uma loja de comércio eletrônico, precisa ler isto. Existem várias pequenas lojas de comércio eletrônico usando a plataforma TikTok para promover seus produtos agora. Eles fazem isso criando e enviando vídeos que mostram como seus produtos funcionam com música de fundo.

A Lomile Shop tem se saído muito bem no TikTok. Eles criaram um vídeo mostrando um de seus produtos para a organização do armário e recebeu quase 2 milhões de corações e quase 7.000 comentários. O que o TikTok pode fazer pela sua loja online?

The Washington Post

Este é outro caso de uso que pode surpreendê-lo. O Washington Post tem cerca de 160.000 seguidores e seu conteúdo tem mais de 4 milhões de corações. O conteúdo criado pelo Washington Post usa os recursos do TikTok muito bem. Eles realmente abraçam o desafio divertido e a cultura meme da plataforma.

Alguns de seus vídeos mais populares fornecem uma visão dos bastidores de sua redação. Em um vídeo, há uma troca divertida entre o editor e um repórter que recebeu quase 100.000 corações e mais de 160 comentários.

Gabinete do xerife do condado de Pasco

Policiais no TikTok? É melhor você acreditar. Há um grande número de policiais, incluindo escritórios inteiros do xerife, que estão presentes em TikTok. Uma das primeiras dessas agências de aplicação da lei a entrar em TikTok foi o Gabinete do Xerife do Condado de Pasco.

Agora eles têm cerca de 300.000 seguidores e seu conteúdo tem mais de 3 milhões de corações. Eles criam clipes de "passeio" com seus deputados e clipes de bastidores. Existem vídeos realmente engraçados de deputados enfrentando desafios de dança popular no TikTok.

Outras histórias de sucesso

Existem outras histórias de sucesso no TikTok também. A NBA está na plataforma e eles têm mais de 5,5 milhões de seguidores e seu conteúdo tem mais de 79 milhões de corações. Eles sempre postam conteúdo variado, desde os destaques das partidas de basquete até os fãs dançando!

A maioria das equipes da NBA tem suas próprias contas no TikTok. Um bom exemplo disso são os Chicago Bulls, que na verdade têm uma conta para seu mascote que tem o nome de "Benny the Bull. Benny também tem uma conta no Instagram, mas tem mais seguidores no TikTok.

Benny cria vídeos de colaboração com outros mascotes. Um dos mais populares desses vídeos foi com o mascote dos Philadelphia Flyers que tem o nome de Gritty. Isso só mostra que o TikTok oferece muitas oportunidades de marketing conjunto.

Esperamos que esses casos de uso de sucesso tenham inspirado você a começar a usar a plataforma TikTok para promover seu negócio. Entre agora, enquanto ele ainda está crescendo, e você também pode criar um grande número de seguidores e um ótimo canal de marketing.

tiktok

LUCRE MUITO COM O SEU TIKTOK

CAPÍTULO 08

TIKTOK ANALYTCS

Quando você está promovendo seu negócio em qualquer plataforma de mídia social, você precisa verificar regularmente como está se saindo. Nunca deve ser o caso de colocar conteúdo lá fora e esperar pelo melhor. Você precisa saber o que está funcionando e o que não está, então aqui vamos dar-lhe os detalhes do TikTok analytics.

Você precisará de uma conta Pro

Recentemente, a TikTok lançou seu programa de análise nativo que está disponível apenas para titulares de contas Pro. Se você tem uma conta Instagram Creator, isso é semelhante. Você pode usar o painel de análise no TikTok para descobrir insights sobre seu público e como está o desempenho de seu conteúdo publicado.

É muito fácil mudar para uma conta Pro. Basta ir às configurações do seu perfil e tocar em "Gerenciar minha conta". Na próxima tela, basta tocar em "Mudar para conta Pro". Depois disso, você deve escolher uma categoria para sua conta e a etapa final é inserir o número do seu celular para que você possa receber um código de verificação por SMS. Digite o código e pronto.

Volte para o menu de configurações e você encontrará "Analytics". Toque aqui para chegar ao seu painel. Você precisará mudar para uma conta Pro antes que qualquer coisa seja registrada e exibida em seu painel. Vai demorar cerca de uma semana para ver algo significativo, então poste o máximo de conteúdo possível durante esse tempo.

Existem três categorias em seu painel de análise TikTok, que são:

1. Visão geral do perfil
2. Insights de conteúdo
3. Visão do seguido

Você pode tocar nas guias na parte superior da tela para se aprofundar em cada uma dessas categorias.

A Visão Geral do Perfil

Você usará a Visão geral do perfil para ver como está o desempenho geral de sua conta TikTok. Você poderá ver o total de visualizações de seu perfil, visualizações de vídeo e sua contagem total de seguidores.

Suas visualizações de vídeo são exibidas primeiro. Com isso, você pode ver o número total de vezes que os usuários visualizaram seus vídeos em um período de 7 ou 28 dias. É fornecida uma divisão diária que é útil para identificar "dias de pico".

Então você verá suas visualizações de perfil. Novamente, há uma opção de 7 ou 28 dias para isso e é dividido em dias individuais. Finalmente, há sua contagem de seguidores novamente disponível por um período de 7 ou 28 dias dividido em dias.

Todas essas métricas são úteis para você e podem ser uma grande ajuda para desenvolver sua estratégia de conteúdo TikTok. Você pode identificar padrões úteis com as métricas de visão geral do seu perfil. Você pode usá-lo para determinar o tempo que os usuários levam desde o primeiro consumo de seu conteúdo até a visualização de seu perfil e se tornar um seguidor.

Insights de conteúdo

Você pode obter insights muito ricos na guia Conteúdo nas análises do TikTok. Primeiro, há uma visualização de nível superior onde você pode ver as visualizações de cada postagem de vídeo que você criou na última semana. Isso vai do conteúdo mais recente ao mais antigo.

Também mostra quais de seus vídeos tiveram tendência na página Para você no mesmo período, bem como o total de visualizações desses vídeos ao longo do processo. O que é realmente ótimo sobre os insights de conteúdo é a capacidade de olhar cada postagem individual que você fez para descobrir os insights mais valiosos.

Você obterá as seguintes métricas para cada postagem:

- Total de corações (curtidas) para a postagem
- Total de comentários para a postagem
- Total de compartilhamentos da postagem
- Tempo total de reprodução do vídeo
- Total de exibições de vídeo
- O tempo médio de exibição
- Fontes de tráfego
- Territórios de público

A métrica Territórios de público dirá quais postagens ressoaram melhor com quais públicos diferentes. Isso é apresentado em nível de país. Você pode comparar isso com as informações de territórios de público encontradas em Insights do seguidor.

Insights do seguidor

Na seção Insights do seguidor, você obtém uma visão de nível superior dos dados demográficos de seu público. Você verá uma divisão por gênero, bem como uma divisão dos números de seu público expressos em porcentagens. Os territórios são divididos em nível de país.

Ferramenta de análise Pentos TikTok

O pacote analítico oferecido pelo TikTok é bom, mas você só pode usá-lo para examinar o desempenho de sua própria conta. E se você quiser observar o desempenho das contas do seu concorrente?

Existe uma ferramenta de análise TikTok externa disponível em Pentos isso permitirá que você faça exatamente isso. Pentos reúne dados de perfil TikTok disponíveis publicamente para fornecer a você insights sobre contas que não são de sua propriedade.

Você pode se inscrever para uma conta Pentos gratuita e você será capaz de analisar dados de 3 contas TikTok. Se você quiser analisar mais e obter métricas mais detalhadas, eles têm 2 opções premium de US $ 19 e US $ 99 por mês.

No painel do Pentos, você pode ver o seguinte para cada conta que está rastreando:

- A taxa média de engajamento
- Número total de corações
- Número total de postagens de vídeo
- O número médio de corações (curtidas)
- O número médio de comentários
- O número de outras contas TikTok que o perfil segue

Digamos que você queira fazer parceria com um influenciador específico para aumentar o alcance de seu conteúdo. Você pode usar o Pentos para ver qual é a taxa média de engajamento, o que ajudará na tomada de decisões.

Com a versão premium do Pentos, você pode ver as hashtags. Por exemplo, há um painel de desafio de hashtag que mostrará o seguinte:

- A taxa média de engajamento de hashtag
- O número médio de comentários
- O total de visualizações para o conteúdo da hashtag
- Número total de postagens usando a hashtag
- A média de curtidas para a hashtag

Pentos é uma ferramenta muito boa para ter em seu arsenal de marketing TikTok. Você pode começar com a versão gratuita e, em seguida, atualizá-la quando precisar de mais detalhes. Saber os resultados que certos influenciadores e concorrentes estão alcançando lhe dará uma vantagem.

tiktok

LUCRE MUITO COM O SEU TIKTOK

CAPÍTULO 09

MELHORES PRÁTICAS

Embora o TikTok seja uma plataforma relativamente nova, várias práticas recomendadas já surgiram por meio de diferentes profissionais de marketing que experimentaram a plataforma. Portanto, aqui temos X melhores práticas para você seguir para obter o máximo de seu marketing TikTok:

1. TikTok tem uma base de usuários jovem

As pessoas da Geração Z que gostam do TikTok querem se divertir e participar. Portanto, você precisa dar a eles o que eles querem. Conforme a plataforma cresce, você pode descobrir que o público se amplia em termos de idade, mas por enquanto você está olhando para a geração mais jovem, então sempre tenha isso em mente quando estiver planejando seu conteúdo.

2. Sempre use música

Os usuários do TikTok esperam música com seus vídeos, então dê a eles. Lembre-se que muitos usuários vieram do Musical.ly, onde a música era o tema predominante. Não levará muito tempo para adicionar algumas músicas aos seus vídeos, portanto, certifique-se de fazer isso.

3. Use os efeitos especiais

Existem muitas maneiras diferentes de incrementar seus vídeos usando os efeitos especiais do TikTok. Aproveite o tempo para aprender como esses efeitos funcionam e use-os sempre que puder. Você pode experimentar diferentes efeitos para ver quais são os mais populares com seu público.

4. Use várias fotos em seus vídeos

Quando você cria um vídeo usando várias tomadas, isso o torna muito mais interessante. Você não precisa fazer isso com todos os vídeos, mas experimente em alguns e veja como seu público reage.

5. Desafie seu público

O TikTok gosta de um desafio, por isso o recurso de desafio de hashtag é tão popular. Crie uma hashtag relevante e memorável para o seu desafio e torne-o divertido com um grau de dificuldade. Sempre estabeleça um prazo para a conclusão do desafio.

6. Dê uma olhada em seus concorrentes

Descubra quem são seus concorrentes no TikTok e dê uma boa olhada no que eles estão fazendo. Você pode obter algumas boas ideias com isso, que servirão de inspiração para

parte do seu conteúdo. Lembre-se de não copiar o que os outros estão fazendo, mas pegue as ideias deles e coloque seu próprio estilo nas coisas.

7. Use Analytics

Nem tudo o que você faz no TikTok será um grande sucesso. Você deve saber o que está funcionando bem e o que não está. O TikTok fornece ótimas análises que dirão tudo o que você precisa saber sobre suas postagens e seu perfil como um todo.

8. Planeje seu conteúdo

Às vezes, um vídeo "instantâneo" pode funcionar bem e não há razão para que você não deva criá-lo de vez em quando. Mas, em geral, é melhor planejar seu conteúdo e criar uma programação de postagem. Forneça mais do que está funcionando.

9. Seja consistente

É muito melhor desenvolver um cronograma de postagem consistente do que postar muitos vídeos de uma vez e depois esperar um pouco antes de postar novamente. Sua marca pode ser facilmente esquecida se você fizer isso. Se os usuários do TikTok gostarem de seus vídeos, eles esperarão mais, então acostume-os com uma programação de postagem regular.

Se você leu este guia do início ao fim, terá um bom entendimento de como pode usar a plataforma TikTok para promover sua empresa para a enorme base de usuários de mais de 500 milhões de usuários. É importante que você não simplesmente pule na plataforma sem saber o que está fazendo.

Os usuários do TikTok procuram conteúdo divertido e divertido. Marcas e organizações que utilizaram a plataforma com sucesso para marketing sabem disso e postaram vídeos criativos que envolvem os usuários em sua marca de uma forma divertida. Se você deseja ter sucesso com o marketing da TikTok, você deve fazer o mesmo.

Mais e mais empresas estão começando a perceber o poder da plataforma TikTok, mas do jeito que as coisas estão, ela não está saturada de marketing. Isso significa que é o momento ideal para você começar e se estabelecer no TikTok enquanto houver menos concorrência.

Agora acabou com você. Enquanto a leitura deste guia o deixará um pouco mais inteligente, somente ao agir, você será capaz de alavancar a plataforma TikTok para aumentar a lucratividade do seu negócio. Lembrar para baixar e instalar o aplicativo e brincar com ele para se familiarizar com os recursos antes de começar a postar vídeos.

Você precisa estar comprometido com o marketing no TikTok. Não cometa o erro de postar muitos vídeos de uma vez e depois não fazer nada por muito tempo. Os usuários simplesmente se esquecerão de você. Organize-se e crie uma programação de marketing de conteúdo para o TikTok e cumpra-a.

Esperamos que você considere o TikTok Marketing informativo e útil. Comece hoje mesmo com seu marketing TikTok. Desejamos-lhe todo o sucesso na promoção do seu negócio nesta plataforma em rápido crescimento!

Desejo-lhe sucesso em seu treinamento!

Um abraço.

www.ingramcontent.com/pod-product-compliance
Lightning Source LLC
Chambersburg PA
CBHW080858090426
42737CB00016B/2991